LA FÉODALITÉ

COMME

MOYEN DE CONSERVER

ET

DE CIVILISER L'ALGÉRIE,

PAR P. D.

PARIS

DELLOYE, LIBRAIRE-ÉDITEUR,

RUE DES FILLES-ST-THOMAS, 13, PLACE DE LA BOURSE.

1840

IMPR. ET FONDERIE DE FÉLIX LOCQUIN ET Ce.,
RUE NOTRE-DAME-DES-VICTOIRES, N° 16.

LA FÉODALITÉ

COMME

MOYEN DE CONSERVER

et de civiliser l'Algérie.

Occuper l'Algérie comme nous l'avons fait jusqu'à présent, sans plan arrêté, sans un but indiqué d'avance, est désormais impossible ; et l'abandonner dans l'état où nous l'avons placée, ce serait la livrer à des ennemis ou à des rivaux. Le discours de la couronne, au surplus, ne laisse pas de doute : *l'Algérie est une terre que la France ne quittera plus* (1). Il est donc

(1) Discours de la Couronne aux Chambres, le 23 décembre 1839.

utile, pour éviter de nouveaux tâtonnements qui amèneraient inévitablement de nouveaux désastres, d'examiner dès à présent quels sont les moyens les plus propres à conserver la portion de l'Afrique que nos armes pourront soumettre.

Deux systèmes d'occupation sont en présence : l'un, qui se bornerait à garder quelques points du littoral seulement, l'autre, qui exigerait l'occupation successive de la régence entière. Cependant, il est une vérité qui domine l'un et l'autre de ces systèmes, c'est que l'occupation, de quelque manière qu'elle ait lieu, sera toujours précaire, toujours onéreuse, tant qu'un changement dans les mœurs et les habitudes des indigènes ne les aura pas rapprochés de nous.

Avec l'occupation restreinte, notre action sur les mœurs des Arabes sera nulle, et ceux-ci ne perdront rien des habitudes qu'ils ont si obstinément conservées depuis tant de siècles. Ce système d'occupation restreinte, onéreux en temps de paix, dangereux en temps de guerre, inutile à notre commerce et sans action civilisatrice, conduirait infailliblement à l'abandon des côtes de l'Algérie dans un délai plus ou moins rapproché, car agir comme les Espagnols, c'est vouloir arriver aux mêmes résultats.

D'un autre côté, occuper toute l'Algérie,

chercher à faire de ses habitants des Français, et l'avant-garde de la civilisation en Afrique à une époque donnée, c'est une immense entreprise qui exige, pour être accomplie, une armée nombreuse, des dépenses considérables et surtout une persévérance et une unité d'action qu'il sera peut-être difficile d'obtenir du gouvernement actuel. L'entreprise du moins est belle, digne d'un grand peuple, et la réussite offrirait un résultat fait assurément pour tenter un pays comme la France.

Mais attacher au sol un peuple pasteur, lui donner des habitudes et des idées différentes de celles qu'il a, est un travail qui exige des siècles, la succession de plusieurs générations, et qui ne peut s'accomplir que par deux moyens, la religion et l'exemple. Chez un peuple musulman, la religion comme moyen nous échappe, elle est même un immense obstacle; et, pour agir par l'influence de l'exemple, il faut une population étrangère.

Les Egyptiens ont civilisé les Pélasges, les Grecs ont civilisé les peuples du littoral de l'Italie, les Romains, à leur tour, ont porté la civilisation partout où leurs armes ont pénétré, et c'est toujours l'action alternative et souvent simultanée de l'exemple et de la force qui a opéré les transformations de mœurs que nous a fait conraître l'histoire. Si l'on veut porter la civilisation dans la régence et obtenir du sol de l'Afrique les richesses qu'il renferme, il faut nécessairement faire un appel aux Européens, puisque c'est du contact de ceux-ci avec les indigènes que doit sortir la civilisation, que c'est la vue du bien-être acquis par la culture des champs qui pourra seule engager les Arabes à se fixer et à construire des habitations, puisque enfin c'est l'ordre, la prospérité et la sécurité des villages européens qui fera comprendre aux Africains la supériorité de notre civilisation sur la leur.

La question la plus importante dans le système de l'occupation entière de la régence et de la civilisation progressive des indigènes est donc celle-ci : que faut-il faire pour attirer une population européenne, comment faut-il la répartir pour assurer sa sécurité et lui donner les moyens d'accomplir sa mission ; comment faut-il la régir pour la rendre heureuse et prospère ?

Plus de vingt mille Européens, jusqu'à présent, sont passés en Algérie ; cependant, à l'exception de quelques jardins protégés par les canons d'Alger, de Bone et d'Oran, les terres sont restées sans culture, et le commerce n'a pas plus profité que l'agriculture de cette population industrieuse. En effet, là où il n'y a pas de sécurité il n'y a pas de culture possible, et là où la terre ne produit rien, il n'y a pas de moyens d'échange.

On se sert généralement, en parlant de l'Algérie, du mot *colonie* : L'expression est-elle convenable ? peut-être est-ce un tort de l'avoir employée, car les mots ont le privilège d'entraîner l'esprit vers les idées qu'ils représentent, et quelques personnes ont pu croire qu'il existe une sorte d'analogie entre l'Algérie et les colonies de l'Amérique ou de l'Inde. L'Algérie, avec sa population nombreuse, libre, brave et intelligente, ne peut pas être une colonie dans le sens attaché généralement à ce mot : c'est une province dont la langue, les mœurs, les coutumes, la religion et les idées diffèrent des nôtres, qui est séparée de nous par l'immensité d'un fanatisme farouche, et qu'il s'agit d'incorporer à la France en la comprimant d'abord, en modifiant ensuite par la législation et par l'exemple, les mœurs, les coutumes, la religion et les idées de ses habitants ; en créant à ceux-ci des intérêts et des besoins analogues aux nôtres, et en les attachant par un état de bien-être qu'ils n'ont pas encore connu.

L'exemple, ce puissant moyen de civilisation, le seul qui soit à notre disposition, ne saurait, on le conçoit, être utilement employé que dans les champs, parce que c'est là que sont les Arabes, parce que c'est par les dons de la terre qu'un peuple pasteur peut trouver le bien-être qui doit l'attacher au sol, parce que, enfin, la civilisation ne pénètre dans les intelligences qu'après avoir servi aux besoins et aux jouissances matériels de la vie.

Mais la première condition à des établissements européens d'où doit sortir l'exemple, est, d'un côté, la sécurité; de l'autre, la perspective d'avantages proportionnés aux chances périlleuses et aux privations que s'impose l'homme qui s'éloigne de sa patrie.

Occupons-nous d'abord de la sécurité.

Des établissements jetés au hasard dans la plaine, abandonnés à la volonté individuelle, fondés avec des moyens restreints, seront toujours exposés aux ravages des Arabes. La facilité même qu'auront ceux-ci à satisfaire les habitudes de vol et de rapine qui les distinguent, leur servira d'encouragement, en même temps que la répression que nous devrons apporter à leurs entreprises, sera une cause permanente de haine, de leur côté, et du nôtre, un motif continuel de défiance qui retardera la marche de la civilisation et le développement de la culture.

S'il est des gens qui croient que l'armée d'occupation répartie de telle ou telle façon, placée de telle ou telle manière, puisse assurer la sécurité des campagnes, ils sont dans une illusion complète. L'armée pourra certainement arrêter quelques tribus entières par la menace d'une répression sévère des méfaits qu'elles commettraient ; mais que peut-elle pour empêcher des hommes isolés, des tribus lointaines de pénétrer dans les fermes, de massacrer les cultivateurs, d'enlever leur argent et leurs bestiaux. Quelle garantie offrira-t-elle aux Européens disséminés dans la plaine contre l'inconstance et la mobilité d'esprit des Arabes, contre ces révoltes si fréquentes parmi leurs tribus, contre ce goût naturel et ces habitudes de rapine auxquels la vue d'un butin facile à faire ne peut que donner une nouvelle activité et un nouveau degré d'énergie

Il faut le dire, il n'existe qu'un moyen efficace d'ôter aux Arabes de la génération actuelle l'envie du meurtre et du pillage, c'est de rendre le succès de leurs tentatives impossible, et la punition de ces tentatives inévitable ; c'est de remplacer par une crainte salutaire les idées chrétiennes qui n'existent pas, et ne peuvent germer qu'après le long espace de temps qu'exige l'éducation des peuples.

Durant longues années les légions romaines ont envahi la plupart des contrées de l'Europe et les ont soumises à leurs lois. A leur tour les peuples du Nord se sont rués sur les états de l'occident, s'y sont établis et ont assuré leur domination. L'organisation qui a réussi à ces conquérants n'est point un secret, elle est écrite dans les monuments de l'histoire ; elle subsiste encore pleine de force et de vie dans plusieurs contrées de l'Europe. Si l'on veut des exemples, des modèles, c'est là sans doute qu'il faut les puiser, et non dans les systèmes de colonisation suivis en Amérique ou dans l'Inde ; c'est dans ce qui a réussi avec des peuples barbares et guerriers, qu'il faut chercher ce qui peut convenir à l'Algérie, en remplaçant ce que la conquête avait alors de trop cruel, par la justice et la charité qu'inspire maintenant aux peuples la religion du Christ bien comprise.

Il fut un temps plus rapproché de nous où, en Europe aussi, le séjour des champs n'offrait que dangers de toute espèce ; et c'est à cette époque que les cîmes de nos montagnes se couronnèrent de châteaux fortifiés, que nos bourgades furent entourées de fossés et de murailles, que nos riches abbayes furent crénelées et flanquées de tourelles.

La condition à la possession des terres n'était pas, il est vrai, semblable à ce qu'elle est aujourd'hui, l'organisation hiérarchique de la plupart des peuples de l'Europe était différente de ce qu'elle est à présent. Quoi qu'il en soit du jugement porté sur les institutions de cette époque, nos pères ont arrêté l'anarchie, refait les idées d'ordre et de subordination, pourvu à la subsistance de la population et rétabli la sécurité des campagnes. Auraient-ils pu y parvenir avec nos institutions actuelles? Sans l'autorité que possédaient les propriétaires des terres et sans le grand intérêt qu'ils avaient à tirer parti du sol et à augmenter le nombre de leurs vassaux, auraient-ils entrepris la tâche si difficile qu'ils ont réalisée?

Il ne s'agit pas, assurément, de proclamer d'une manière absolue l'excellence d'un système sur un autre; il est bon seulement de tirer des faits passés cette conclusion : que la meilleure organisation sociale est celle qui s'adapte le mieux à l'état des mœurs et des idées comme au génie du peuple pour lequel elle est faite.

Or, qui niera que transporter à présent en Afrique nos lois, nos mœurs, notre système administratif, financier et judiciaire, c'est offrir aux Arabes le tableau d'une organisation que leur intelligence, dans son état actuel, ne saurait comprendre, dont les avantages leur échappent, et dont tous les inconvénients au contraire se présentent en relief à leurs regards.

Le gouvernement a commencé par des fautes en se mettant en marche avant d'avoir déterminé le but qu'il voulait atteindre et avant d'avoir exploré les routes qu'il avait à suivre; aujourd'hui il ne serait plus excusable d'hésiter et de rester flottant entre des systèmes divers. Qu'il mesure donc les sacrifices à faire; qu'il choisisse la route qui lui paraîtra la meilleure, et qu'il soit sûr que la France s'y jettera avec lui la sape à la main, décidée à vaincre les obstacles et à montrer sur la plage Africaine l'accord du pays dans les questions d'honneur et d'intérêt national. Toute demi-mesure serait une calamité, et mieux vaudrait renoncer à l'Algérie, courir toutes les chances de l'abandon, que de laisser plus longtemps ouvert le gouffre où se perdent nos trésors, où se ternit notre honneur.

Il y a dans la question d'occupation deux

vérités fondamentales sur lesquelles doivent être établis tous systèmes possibles d'organisation si l'on veut avoir des chances de succès. La première est que pour fixer l'Arabe au sol et détruire en lui les habitudes nomades, il faut le renfermer dans un espace étroit et lui barrer tous les chemins ; la seconde de ces vérités est que les Européens placés au milieu des indigènes ne peuvent y avoir quelque sécurité, que s'ils sont groupés par masses compactes, que s'ils ont des chefs absolus pour les commander, des retraites fortifiées pour se défendre.

Ainsi groupés et répartis dans l'intérieur, les cultivateurs européens auront longtemps encore besoin de la protection de l'armée, mais ils seront aussi pour l'armée des auxiliaires utiles en offrant partout des gîtes d'étape pourvus de vivres, de munitions de guerre et de secours pour les blessés ou les malades ; en fournissant des renseignements et des guides qui rendront plus sûres et plus faciles les opérations militaires.

Avec ses seuls moyens le gouvernement peut-il arriver à ce résultat ? Non, jamais ; et les particuliers, sans les secours du gouvernement ne peuvent rien. Le gouvernement et les particuliers ont donc eu tort jusqu'à présent d'agir isolément; le premier, en ne voyant pas le parti qu'il pouvait tirer de l'activité et du sentiment de l'intérêt personnel ; les seconds , en accaparant des terres qu'ils n'ont pas les moyens de cultiver.

Couvrir l'Algérie de proche en proche et successivement de châteaux fortifiés semblables à ceux que nous avions dans le moyen-âge ; une organisation participant de celle de cette époque, modifiée par nos mœurs nouvelles, est le seul moyen d'être compris des Arabes et de garantir la vie des Européens destinés à les civiliser.

L'aspect de tours fortifiées , et l'assiette de celles-ci combinée de manière à cerner de grands espaces, suffiront pour empêcher les excursions des tribus lointaines qui, si elles parvenaient dans l'intérieur de la zône occupée par nous, seraient exposées à ce que leur retraite fût coupée par la portion de l'armée ou par la population européenne qu'elles auraient laissée ou derrière elles, ou sur leurs flancs, et qu'un système de signaux pourrait réunir. Les tribus campées entre les lignes des châteaux fortifiés , se trouvant séparées les unes des autres , à l'abri des suggestions et des intrigues des tribus ennemies, sans cesse menacées d'un châtiment inévitable si elles commettaient des délits, seront plus disposées à la soumission et peut être même à l'imitation.

Serait-ce donc une illusion de croire que peu à peu les rapports de travail et d'échange, les services alternativement reçus et rendus, une sorte de communauté d'intérêts, une protection sans cesse nécessaire et toujours accordée, pourraient finir par rapprocher de nous des hommes que leur religion et leurs mœurs tiennent aujourd'hui à une si grande distance.

Nous l'avons déjà dit, seuls et abandonnés à eux-mêmes, libres dans leurs actions, les particuliers ne peuvent rien, il leur faut l'association ou la direction du gouvernement; de son côté, le gouvernement, sans l'argent des capitalistes, sans l'industrie de ces hommes hardis et intelligents dont le pays abonde, ne peut arriver à rien de solide dans un système de colonisation ayant pour but la civilisation du peuple africain.

Ne nous le dissimulons pas, si les terres de l'Australie ont pu être peuplées par des malfaiteurs et des aventuriers; si, livrés à leurs inspirations, ces hommes ont pu jeter les fondements d'un nouvel empire appelé dans l'avenir peut-être à de nobles destinées, il n'en saurait être de même de l'Algérie : le grand nombre, l'esprit religieux, le caractère et la bravoure des Arabes, leurs moyens de guerre et leur habitude de la faire, leur parenté avec les tribus nombreuses qui les entourent, tout exige de notre part des moyens différents de ceux mis en usage dans des contrées désertes ou dont la population rare et faible, privée d'armes et sans habitude des combats, n'oppose aucune difficulté.

Dans ces dernières contrées le système de colonisation le meilleur peut bien être en effet celui de *laisser faire et laisser aller*, le système qui s'en rapporte à l'intelligence des intérêts individuels. Pour l'Algérie, au contraire, il faut que l'action soit uniforme, parte d'un centre commun, et que la politique soit jointe à la puissance des armes.

Dans une excellente brochure de M. Cavaignac, sous ce titre modeste : DE LA RÉGENCE D'ALGER, NOTES SUR L'OCCUPATION, nous trouvons cette juste appréciation des choses :

« Un établissement nouveau exige : capitaux, » hommes, tranquillité, sécurité.

» Les capitaux sont la source de toute pro- » duction.

» Les hommes, c'est le travail qui les uti- » lise.

» La tranquillité, c'est la faculté de travail-
» ler sans trouble.

» La sécurité, c'est la tranquillité de l'a-
» venir. »

A ces idées, qui sont vraies, ne peut-on pas ajouter :

Les capitaux, le gouvernement ne doit pas les fournir : il n'en saurait diriger ni surveiller l'emploi.

Les hommes, c'est l'assurance d'une occupation lucrative qui les fera venir.

La tranquillité, ce n'est que la force qui peut la procurer.

La sécurité, ce n'est qu'au temps et aux institutions qu'il faut la demander.

Dès lors, offrons aux particuliers des avantages certains, afin d'avoir leurs capitaux, offrons aux ouvriers un travail assuré et lucratif pour créer la population dont nous avons besoin; assurons la tranquillité en agglomérant la population, en la plaçant dans des habitations fortifiées et en lui donnant une organisation militaire qui la garantisse des surprises et lui permette de se défendre. Le moyen de parvenir à ce résultat ne serait-il pas de diviser l'Algérie par quelques lignes principales, de diviser ensuite ces lignes par cantons, et de donner gratuitement, dans chacun de ces cantons, des

2

terres à ceux des individus qui prendraient l'engagement d'y faire construire dans un délai donné une habitation fortifiée conforme au plan qui leur serait fourni, d'y entretenir un nombre déterminé d'ouvriers armés, d'y habiter *eux-mêmes* et de se soumettre aux autres conditions qui pourraient leur être imposées.

Si l'on adoptait un semblable mode de concession, chaque canton devrait être divisé en plusieurs lots d'inégale dimension, en quatre par exemple, ainsi répartis :

Le premier, aux capitalistes qui prendraient les engagements sus indiqués.

Le second et le troisième, *attenants* à l'un des côtés du château, savoir : le second aux ouvriers venus d'Europe, à raison d'un nombre d'hectares fixé par tête ou par famille, après un nombre déterminé d'années de séjour et de travail; le troisième, à ceux des Arabes qui voudraient habiter avec les Européens.

Le quatrième lot enfin serait dévolu aux tribus ou portions de tribu qui occuperaient le canton.

De ce quatrième lot, il pourrait être réservé une portion destinée à être donnée en toute propriété à celles des familles indigènes qui consentiraient à construire une habitation en

pierres, en planches ou en pisée, et qui enclo-
raient par haies ou fossés une partie de la concession qui leur serait faite.

On sent que toutes ces concessions devraient
avoir lieu sans redevances, pendant un certain
nombre d'années du moins, si ce n'est un léger
droit de capitation par tête arabe, pour consta-
ter la souveraineté plutôt que pour offrir des
ressources au trésor. Le trésor ne doit chercher
un revenu, d'ici à de longues années, que dans
les droits de douane et dans les impôts des villes.

En suivant cet ordre d'idées, le propriétaire
du château fortifié et du premier lot de terre
étant le plus intéressé à la tranquillité du pays
et à sa prompte civilisation, pourrait être en
même temps l'administrateur, le juge en première instance et le commandant militaire du
canton ; il pourrait être, sur un théâtre moins
vaste, ce qu'était avant la conquête le *Caïd-el-
outhan*, choisi toujours parmi les Turcs.

N'est-il pas digne de remarque que la division
des terres en *outhans* ou cantons, de même que
l'organisation et la hiérarchie turques fussent
précisément ce qu'il y avait de mieux à faire
dans la régence d'Alger ! Nous avons eu tort de
ne point conserver l'organisation établie à l'é-
poque de la conquête, et il faut y revenir ; il
faut reprendre jusqu'aux dénominations, parce

que celles-ci portent avec elles les idées de pouvoir, de commandement et de devoirs qui rendent le commandement plus ferme et l'obéissance plus facile.

Je crois entendre, en prononçant ces paroles, l'accusation d'écrivain féodal retentir à mes oreilles. C'est, il est vrai, la féodalité rajeunie, adaptée à nos mœurs, que je voudrais voir adopter pour l'Algérie, parce que, seule, elle peut opérer la civilisation et consolider la conquête; parce que c'est elle seule qui, jusqu'à présent, a pu servir de transition aux peuples, pour passer de la barbarie à la civilisation; qu'elle seule, enfin, permettra à l'Algérie d'offrir à notre population pauvre un bien-être assuré, en lui donnant du travail et non des terres inutiles sans capitaux; parce que, seule, elle pourra récompenser le travail par le titre de propriétaire, alors que la propriété sera vraiment profitable.

Repousser les institutions utiles par le motif que les mots qui les expriment ont été livrés à la haine irréfléchie des masses, me paraît peu digne d'un siècle qui, modestement, s'intitule celui des lumières; et dissimuler les choses sous des expressions nouvelles, ne va pas à l'idée que je me fais des hommes auxquels je m'adresse.

Les questions que fait naître une organisation semblable à celle que j'indique, à une organisation féodale, tranchons le mot, sont celles-ci :

La possession des terres par des Européens ou des indigènes n'est-elle pas un obstacle ?

Trouverait-on assez de capitalistes qui voulussent remplir les conditions imposées et qui pussent réunir les hommes dont ils auraient besoin ?

Il est fâcheux, assurément, que le gouvernement n'ait pas songé tout d'abord à régler, dans la régence, les conditions à la possession des terres ; il est à regretter que le fisc, en percevant des droits de mutation, ait donné une sorte de sanction à un état de choses qui, à présent, fait obstacle, et qu'il faut réformer. Cependant le mal n'est pas sans remède.

Quelque délicate que soit la question du droit de propriété, il faut l'aborder et la résoudre, car elle est la base de tout établissement en Afrique : tant qu'on ne l'aura pas résolu d'une manière conforme à la nécessité de la position, l'on n'aura rien fait, notre établissement ne sera pas plus avancé que le jour de la conquête, que le jour où, pour la première fois, le drapeau de France fut arboré sur les remparts de la Casauba.

Avant la conquête, il existait des propriétés

privées, et celles-ci, situées presque toutes dans les environs des villes, appartenaient à des établissements pieux, à des Maures ou à des Turcs. Ce sont en grande partie les propriétés de ces derniers qui ont passé entre les mains des Européens.

Les terres occupées par les tribus n'étaient point dans cette catégorie, elles étaient généralement considérées comme domaines de l'état : le dey exigeait des redevances, quelquefois il transplantait au loin une tribu tout entière pour lui substituer une population nouvelle, et ces migrations se consommaient sans qu'il s'élevât seulement la pensée de réserver un droit quelconque de propriété sur le sol abandonné, sans que les arrivants songeassent davantage à demander ou à se créer un droit de cette nature. Abdel-Kader agit de même dans les provinces qu'il gouverne, sans exciter ni plus de murmures ni plus d'étonnement que n'en provoquait la conduite du dey.

Les indigènes ne connaissent donc pas le droit de propriété tel qu'il est institué en Europe; et la France, succédant aux droits du dey, peut cantonner les tribus, leur assigner la quantité de terre qu'elle jugera nécessaire à leur subsistance et à celle de leurs troupeaux, sans que l'usage de ce droit produise sur les

Arabes l'effet d'un abus de la force et d'un droit
violé. Libre et n'ayant à prendre conseil que de
ses intérêts, la France n'a d'autres devoirs en-
vers les tribus que de leur assigner des terres
en proportion suffisante pour qu'elles y trou-
vent une existence large et assurée.

L'embarras n'est donc que pour les domaines
privés. Le droit de propriété n'a jamais été une
concession gratuite, il a été fondé dans l'intérêt
de la société et afin que les terres, défrichées
et cultivées, pussent fournir aux hommes les
aliments dont ils avaient besoin. La culture de
la terre étant la condition essentielle de sa concession première, doit être aussi la condition à
la conservation du droit de propriété. Ce droit,
à notre époque, est même défini comme la faculté de jouir et de disposer de la manière la
plus absolue, *pourvu* que l'on ne fasse pas de la
propriété un usage *prohibé* par les lois ou *par
les réglements*. Or, laisser sans culture des terres
qui pourraient donner d'abondantes récoltes,
c'est agir contre la loi naturelle et provoquer la
loi civile à *prohiber* un tel abus du droit de propriété. L'état, d'ailleurs, peut toujours fixer les
conditions auxquelles doit être possédée la
terre ; il peut la frapper d'un impôt fixe, pro-
portionnel ou relatif ; il peut s'en emparer pour
cause d'utilité publique, moyennant une in-
demnité équitablement arbitrée.

Au surplus il n'est pas besoin, dans le cas qui nous occupe, d'user de tous les droits de l'état; ou bien, s'il faut en user, ce ne sera que pour un très petit nombre de propriétés. Par exemple, les terres qui appartiennent à des établissements de piété peuvent, isolément ou réunies à d'autres terres, être louées à bail à terme ou perpétuel; celles des terres défendues en quelque sorte par le canon des villes peuvent être abandonnées à l'industrie et à l'intérêt de leurs possesseurs actuels; les terres éloignées des villes, si elles sont étendues, peuvent être soumises aux conditions de culture et d'habitation prescrites pour celles concédées à titre gratuit. Si elles sont trop peu étendues pour supporter les frais de construction d'un château fortifié, elles seront agrandies gratuitement ou cédées à l'état, au choix des possesseurs, mais toujours soumises aux mêmes conditions d'établissement et d'habitation.

Il n'y a pas, on le voit, de véritables difficultés à une division féodale du territoire de l'Algérie; et, dans le mode suivi pour l'opérer, il pourrait y avoir des règles si équitables qu'aucun intérêt ne serait autorisé à se plaindre.

Trouverait-on assez de capitalistes, assez d'hommes entreprenants pour accepter une partie des terres aux conditions qui leur seraient imposées?

La largeur moyenne de la mer aux montagnes abruptes de l'Atlas étant de vingt-cinq lieues, et la ligne droite des frontières du Maroc aux frontières de Tunis, de quatre-vingts à peu près, huit lignes de châteaux fortifiés de l'Atlas à la mer, et deux lignes rapprochées l'une de l'autre des limites du Maroc à celles de Tunis, tracées de la manière la plus favorable à la facilité des communications et de la défense, exigeraient environ quatre cents châteaux, parce qu'il faudrait les placer de manière à ce qu'ils puissent correspondre entre eux par des signaux de jour et de nuit.

Ces châteaux, l'un dans l'autre, avec les secours que pourrait fournir l'armée, ne coûteraient à construire guère plus de soixante-quinze mille francs chacun. Les instruments aratoires et les bestiaux nécessaires, les salaires d'une compagnie de soixante ouvriers et l'entretien de ceux-ci ne peuvent pas être évalués à plus de cinquante-cinq ou soixante mille francs par an. Cent mille écus suffiraient donc et au delà pour la construction de chacun des châteaux et le travail des trois premières années. Après cette époque, quelque faibles que fussent les produits, ils suffiraient sans nul doute aux dépenses, en attendant que les plantations, l'amélioration du sol, la sureté des communications et l'accroissement du commerce et de la population, vinssent offrir une compensation aux avances qui auraient été faites et aux privations endurées. L'Europe, car il ne faut exclure personne par motif de nationalité, ne fournirait-elle pas quatre cents personnes pouvant disposer de trois cent mille francs et voulant courir la chance d'avoir un jour une grande fortune et une belle existence? L'association , le prêt, ne viendraient-ils pas au secours de ceux auxquels les fonds manqueraient ? Douter alors que les capitaux abondent pour les spéculations les plus hasardées ne nous paraît pas raisonnable. Et, d'ailleurs, il ne s'agit pas de tout faire à la fois.

Huit lignes seulement de la mer à l'Atlas et deux lignes s'appuyant l'une sur l'autre, des frontières de Tunis à celle du Maroc, laisseraient de grands intervalles où l'Arabe n'aurait point à souffrir de notre présence, néanmoins les tribus ainsi cernées, coupées partout, ne présenteraient plus aucun danger et aucun obstacle à notre établissement ; nous n'aurions plus à craindre leur migration ou leur concentration ; et les rapports que nous aurions avec celles comprises dans les premiers cantons formés, ne pourraient que leur inspirer assez de confiance pour les disposer à recevoir la semence de la civilisation.

On sent que si l'on adoptait des mesures pareilles il ne faudrait pas que les troupes fussent exclusivement concentrées sur le bord de la mer, et qu'une partie devrait occuper quelques points principaux de la ligne de l'Atlas.

N'y a-t-il pas des moyens de colonisation préférables à ce retour à la féodalité, et la France ne peut-elle pas tirer du sol de l'Algérie un parti plus utile à ses finances?

Déjà l'on a cherché à coloniser avec des malheureux dénués de tout, auxquels on a distribué des lots de terre de un à quatre hectares. Ainsi s'est formé l'établissement de Delhy-Ibrahim; ainsi a eu lieu celui de Bouffarick : et ces villages improvisés ont été décimés par les maladies, décimés par l'assassinat; et lorsque les camps établis pour les protéger durent être levés, les familles si malheureusement transplantées furent forcées d'abandonner la cabane qu'elles avaient élevée et le jardin qui avait absorbé leurs sueurs.

Les auteurs de ce mode de colonisation jouissaient sans doute à l'avance du bonheur qu'ils allaient procurer à de pauvres familles; ne leur faisons pas de reproches....... Cependant, ils auraient dû penser que la chaumière ou la cabane en planche est moins saine que l'habitation à épaisses murailles, à étages élevés au dessus du sol; ils auraient dû calculer que soixante chaumières coûtent plus à bâtir qu'une

seule maison qui contiendrait soixante familles ;
ils auraient dû penser qu'il est plus facile à
quelques malfaiteurs de détruire en une nuit
soixante familles isolées, que d'attaquer trois
familles réunies ; ils auraient dû savoir que dans
un pays où les ouvriers sont rares et où la
main-d'œuvre est chère, ce sont les grandes
exploitations qui produisent à meilleur marché,
que ce sont les grands propriétaires seulement
qui peuvent entreprendre les travaux de des-
sèchement ou d'irrigation, faire les plantations
et les chemins nécessaires. La philanthropie
lorsqu'elle est aveugle, hélas ! il faut bien le
dire, n'est autre que la sottise.

Quant à l'État, son intérêt se trouve évidem-
ment dans une cessation prompte des dépenses
auxquelles l'assujettit l'occupation, et tout moyen
qui lui permettra de conserver la souveraineté
de l'Algérie, de civiliser les Arabes, de s'attacher ceux-ci ou de les dominer de manière à
n'avoir rien à craindre de leur esprit de révolte,
est ce qu'il doit désirer. Les droits de douane et
l'activité des ports de la Méditerranée sont tout
ce que la métropole peut et doit tirer aujour-
d'hui de l'Algérie, laissant au temps le soin de
rembourser les avances qu'elle a faites, et trouvant dans l'accroissement de sa puissance la
compensation des sacrifices auxquels elle a
consenti.

Du reste, la question d'Afrique se réduit à ceci :

Veut-on ou ne veut-on pas conserver l'Algérie ?

Si l'on ne veut pas la conserver, il faut se dépêcher de l'abandonner afin d'éviter les dépenses de toute nature qu'elle occasionne. Si l'on veut la garder, il faut aussi se dépêcher de prendre les mesures les plus propres à en tirer le meilleur parti possible. Or, dans ce dernier cas, doit-on laisser les Arabes et le sol de la régence ce qu'ils sont aujourd'hui, en se réservant seulement le droit stérile de suzeraineté ou de souveraineté nominale, ou bien faut-il amener les Arabes à un état de civilisation qui les rapproche de nous par les mœurs et les intérêts commerciaux ?

Si l'on veut obtenir la civilisation, il ne saurait y avoir doute, le mélange des Européens avec les Indigènes est nécessaire. Dès lors, laissera-t-on au hasard et à l'activité individuelle le soin de défricher, de cultiver et de choisir l'emplacement des habitations ? Colonisera-t-on avec des malheureux sans argent et souvent sans prévoyance, ou bien au moyen d'hommes possédant des capitaux et doués de l'intelligence que la fortune permet de supposer ? et si l'on ne peut avancer dans le pays et s'y maintenir qu'à l'aide d'habitations fortifiées, est-ce le gouvernement qui devra fonder lui-même ces habitations, qui se chargera de les peupler, en nommera les chefs et fera exploiter le sol ; ou bien, laissera-t-on à des individus riches la mission de construire à leurs frais les villages ou châteaux fortifiés, de choisir et d'amener les ouvriers-colons, d'administrer et de commander le canton à la tranquillité et à la prospérité duquel ils auront le plus grand intérêt?

Poser ces questions, c'est presque les résoudre.

Nous avons raisonné dans l'hypothèse où le gouvernement voudrait conserver l'Algérie et la civiliser, en mêlant des Européens aux Indigènes. Dans cette hypothèse, nous l'avons déjà dit, il faudra pendant longtemps une armée nombreuse et se résigner à des dépenses considérables ; cependant l'on aurait tort de mesurer l'étendue des sacrifices à faire sur ce qui a eu lieu jusqu'à présent.

Jusqu'à présent, en effet, l'Algérie semble avoir été choisie pour un camp de manœuvres où doivent passer successivement officiers et régiments, où des officiers favorisés peuvent recevoir l'avancement que leurs services en France ne comportent pas. C'est là un état de choses fâcheux, préjudiciable au trésor public, préjudiciable à la colonisation, et dont l'armée ne retire aucun avantage, car la guerre contre les

Bédouins ou les Kabyles n'apprend rien pour des guerres contre des états européens.

A quoi servent des maréchaux, un si grand nombre d'officiers généraux, un nombreux état-major dans un pays où il n'y a pas de bataille rangée à livrer, où des expéditions de quatre à cinq mille hommes sont les plus nombreuses qui puissent se faire? à quoi sert un habillement qui, en emprisonnant l'homme depuis le menton jusqu'à la ceinture, le met dans une gêne maladive; à quoi servent des buffleteries, qui chargent et fatiguent inutilement le soldat, et dont il se débarrasse à la première marche; pourquoi ces continuelles mutations de corps et d'officiers qui donnent lieu à des indemnités d'entrée en campagne, à des frais de transport d'hommes et de bagages, aux dangers de l'acclimatement?

Ne vaudrait-il pas mieux avoir des corps spéciaux pour l'Afrique, un armement, un équipement et un habillement appropriés au climat et au genre de service et de guerre auxquels nos troupes sont soumises; ne pourrait-on pas avoir des administrateurs plus prévoyants, plus économes ?

Traiter ces diverses questions, ce serait faire la critique de la conduite du gouvernement depuis dix ans, et telle n'est pas notre intention.

Les hommes qui s'occupent des affaires publiques, les hommes du *métier* me comprendront assez et seront facilement persuadés que la dépense d'occupation, en hommes et en argent, pour un même nombre de baïonnettes que celui qui est entretenu, pourrait être considérablement diminuée.

En émettant mon opinion sur le mode à suivre pour soumettre l'Algérie, modifier les mœurs des Indigènes, et faire sortir du sol africain les richesses qu'il renferme, je ne me suis point dissimulé l'obstacle que porte en lui-même le mot *féodalité* que j'ai pris pour titre : mais, aussi, ce mot m'a paru parfaitement propre à provoquer la critique, et par conséquent la discussion d'une question qui intéresse essentiellement le pays. Ce n'est pas d'ailleurs les abus des temps féodaux qu'il s'agit de reproduire; ce n'est ni l'arbitraire ni le despotisme que je propose, mais la féodalité dans sa pureté originaire, une organisation hiérarchique simple, forte et puissante, soumise à des règles fixes et à l'autorité tutélaire et préservatrice du gouvernement de la métropole, comme à celle du souverain.